TRIUNFA CON UN CV EFICAZ

Los secretos para que tu currículum destaque

Por Pierre Latour

Traducido por Marina Martín Serra

CÓMO ESCRIBIR UN CV EFICAZ

- **¿Problemática?** ¿Cómo mejorar mi CV?
- **¿Utilidad?** El CV es el mejor instrumento de venta para una persona que busca trabajo. Con este documento, habrá que convencer al potencial futuro empleador para que puedas llegar más lejos en el proceso de selección.
- **¿Contexto profesional?** Búsqueda de empleo.
- **¿Preguntas frecuentes?**
  - ¿Mi CV, con o sin foto?
  - ¿Hay que mandar una carta de motivación junto con el CV?
  - ¿Cómo puedo estructurar mi CV?
  - ¿Qué hay del CV europeo?
  - ¿Cómo tengo que organizar la información?
  - ¿Cómo estructuro mi argumentación?
  - ¿Qué extensión se recomienda que tenga?
  - ¿Cómo puedo estructurar mis experiencias profesionales?
  - ¿Cómo justificar un despido o un puesto que he ocupado poco tiempo?
  - ¿Hay que mencionar las expectativas salariales en el CV?

Hayas acabado los estudios o estés en periodo de transición profesional, tu *curriculum vitae* (del latín, «carrera de la vida») tiene que convertirse en tu mejor aliado para la vida profesional. Más allá del hecho de que quien lo lea tiene que poder hacerse una idea concreta de tu formación y de tu experiencia, tu CV es el reflejo de tu capacidad para estructurar las ideas, tus ambiciones y los medios que utilizas para alcanzar tus objetivos.

Por lo tanto, no prestarle la debida atención sería un grave error. Toma las riendas para convencer a tu potencial futuro empleador de que TÚ eres la persona que necesita, la que encaja perfectamente en el puesto solicitado.

EL ABECÉ DE LA BÚSQUEDA DE EMPLEO

En el mundo del trabajo, para un empleador que no te conoce, tu CV, de algún modo, hace de carnet de identidad. Cuando solicitas un empleo, este documento, que parece anodino, ocupa un lugar vital: es tu primer instrumento de venta, lo primero que consultará la persona encargada de la selección. En esta fase, es necesario maximizar todas tus posibilidades de dar una buena impresión.

Para llamar toda la atención del seleccionador, un CV tiene que responder obligatoriamente a algunas exigencias de calidad tanto a nivel del fondo como de la forma. El respeto de estos usos y costumbres permitirá que un empleador potencial pueda evaluar tu candidatura como se merece y apreciar mejor todas las sutilidades de tu perfil.

CONVENCER DE INMEDIATO

EL TIEMPO DEDICADO A LA LECTURA DE UN CV

Un estudio realizado a mediados de 2014 por la página web canadiense Workopolis demostró que los CV electrónicos han modificado de forma esencial la manera en la que los seleccionadores tratan las candidaturas. El estudio pone de manifiesto el hecho de que cerca del 60 % de los empleadores canadienses no dedican más de 11 segundos a los CV que reciben en línea o a través de sus programas de procesamiento. Este mismo estudio indica que durante la primera lectura se elimina el 80 % de los CV, lo que significa que el fondo y la forma de una candidatura son extremadamente importantes.

El envío del CV, por correo postal o electrónico, es la primera etapa del proceso de contratación y de selección. El objetivo es presentar de forma eficaz tu perfil a un empleador, destacando tus virtudes y tus perspectivas de futuro para que le entren ganas de conocerte. Así pues, ten en mente que tienes que convencer a la persona encargada de la selección de que dispones del perfil necesario para el puesto solicitado. En vista del poco tiempo que le dedica a la lectura de un CV, constatarás que no hay que improvisar su redacción.

Asimismo, habrá que lograr que tu CV se desmarque de los que presentan los muchos otros candidatos. El ejercicio no resulta fácil, puesto que no solamente tienes que exponer de forma clara que posees las competencias y los conocimientos necesarios para el puesto, sino también que tu perfil es más interesante que el de los otros candidatos. Esta situación resulta especialmente problemática en los puestos para los que no te puede recomendar un empleado o un contacto.

UN CV NO SUSTITUYE A UNA ENTREVISTA

Cuando escribes tu CV, no pierdas de vista el hecho de que te podrían citar para hacer una entrevista, en cuyo caso el currículum será tu mejor aliado. Bien escrito y estructurado, permitirá que la persona encargada de la selección se haga una idea rápida de tu trayectoria y tu perfil. Indirectamente, la impresión que da la lectura del CV condicionará al seleccionador y su percepción de tu proceso de búsqueda de empleo.

Asimismo, tienes que darte cuenta de que la persona encargada de la selección puede abordar cualquier detalle expuesto en tu currículum: así pues, tienes que poder justificar su pertenencia en relación con el puesto deseado. Por lo tanto, no se recomienda maquillar el CV porque una pregunta trampa durante una entrevista podría volverse en tu contra y arruinar tus posibilidades de obtener el puesto. Es mejor que elijas destacar tus verdaderas cualidades y tus competencias reales.

ESCRIBIR UN CV ADAPTADO A LA OFERTA

Aunque el objetivo de un CV es convencer en un tiempo récord, te hará falta presentar de forma eficaz tu trayectoria escolar, profesional y personal (cuando sea relevante). Estas tienen que permitir que todo potencial empleador entienda las especificidades de tu perfil y las cualidades que hacen que tu candidatura sea única. Si el reclutador va más allá y decide profundizar en su lectura, es importante que facilites su análisis estructurando claramente la información. Cada detalle tiene que poder justificar un verdadero valor añadido.

Para optimizar las posibilidades de que te llamen para una entrevista y de seguir en el proceso de selección, un CV tiene que estar adaptado a la función para la que te presentas, para que las competencias que destacas coincidan con la oferta de empleo. En esta fase, es indispensable hacerse una idea precisa de la empresa contratante —normalmente a través de su página web— para entender su visión y sus valores, y presentar tus argumentos de forma consecuente.

Una vez hayas terminado tu análisis de la empresa, encárgate de hacer una lista de los elementos que han marcado tu trayectoria hasta ahora, desde las experiencias secundarias hasta las más significativas. Algunos elementos serán seleccionados —en función del puesto deseado— durante la redacción del CV. Así pues, es interesante empezar desde el principio y revisar todos los elementos que conforman tu trayectoria, para potenciar las experiencias y todo aquello que se adecúa a la oferta de empleo.

Este planteamiento tiene ventajas:

- te familiarizas con el contenido del CV;
- mejoras tu experiencia de redacción de un CV.

LAS INFORMACIONES IMPRESCINDIBLES

Aunque pueda parecer lógico, tu CV tiene que mencionar tus datos completos y permitir que te contacten fácil y rápidamente, ya sea para concertar una entrevista en persona o por teléfono. Entre las informaciones necesarias, hay que incluir:

- tu apellido;
- tu nombre;
- tu fecha de nacimiento;

- tu número de identidad nacional;
- tu dirección;
- tu correo electrónico (procura poner una dirección que parezca profesional, ej.: nombre.apellido@xxx.com)
- tu número de teléfono fijo o móvil.

No dudes en incluir estas informaciones básicas, pero primordiales, en los otros documentos que conforman tu candidatura, porque efectivamente puede ocurrir que los encargados de la selección impriman un CV para hablar de él con un compañero de trabajo y no consigan encontrar tu perfil en ese momento. Así pues, facilítales la tarea.

ORGANIZAR EL CV EN TRES GRANDES APARTADOS

En general, un CV se estructura en tres secciones diferentes y fácilmente identificables:

- la trayectoria escolar y/o académica;
- la experiencia profesional;
- los intereses y actividades complementarias.

Para cada una de las secciones, tienes que seleccionar los elementos más pertinentes en relación con el puesto que te interesa. En concreto, revisa cada etapa de tu trayectoria profesional, escolar y extraprofesional, para seleccionar los elementos que te harán destacar más. Este reparto relativamente estándar ayuda al encargado de la selección a identificar tus conocimientos, tus competencias, tu experiencia, tu habilidad y algunas características vinculadas a tu personalidad. Por supuesto, en función del puesto deseado, las informaciones que contenga el CV se tendrán que adaptar.

ORDEN ANTICRONOLÓGICO

Es común que las informaciones se estructuren por orden anticronológico: la experiencia más reciente tiene que figurar en primer lugar.

Esta práctica, que proviene de los países anglosajones, tiende a imponerse, ya que hace que la atención se dirija en primer lugar hacia tu información más reciente, en todos los ámbitos. Con una lógica implacable, esta forma de estructurar la información es muy apreciada por los seleccionadores, que se interesan en particular por tus experiencias y tus competencias activas y directamente explotables.

Primera sección - La experiencia profesional

Los trabajos para los que has acumulado una experiencia pertinente relacionada con el puesto que quieres obtener tienen que destacarse. Piensa en hacer una lista de tus tareas y misiones más importantes debajo de los títulos de los principales puestos ocupados. Para las experiencias más antiguas, puedes limitarte a precisar únicamente los años de ocupación. El empleador interpretará tus conocimientos y tus habilidades gracias a este descriptivo de puestos escrito en forma de lista con viñetas. Asimismo, indica las fechas de inicio y de fin de cada puesto ocupado, idealmente con el mes y el año.

No descuides el impacto que pueden tener los periodos de desocupación en tu CV. Puesto que forman parte de tu vida y que mentir al respecto podría volverse en tu contra, piensa en cómo puedes justificarlos durante la entrevista.

Nuestros consejos:

- **para los trabajadores experimentados.** Céntrate en lo esencial, es inútil hacer una lista con todos los puestos que has ocupado desde que terminaste tus estudios. El empleador solamente tendrá en cuenta las experiencias y puestos de los últimos cinco a diez años.
- **para los jóvenes recién titulados.**
  - La sección «Formación» tiene que situarse antes de la

sección «Experiencia profesional», puesto que agrupa los elementos más importantes del CV del candidato.

  ◦ Las prácticas y los trabajos de estudiante tienen que ponerse de relieve. La idea es demostrar una experiencia (aunque sea mínima) en el mercado del empleo.

  ◦ Si no tienes experiencia relevante para presentar, intenta subsanar esta falta añadiendo los aspectos prácticos llevados a cabo durante los estudios (trabajos en grupo, proyectos, etc.).

Segunda sección – Las formaciones

Haz una lista de las formaciones que has realizado, desde la más reciente hasta la más antigua. Sé preciso pero a la vez céntrate en lo esencial. Así pues, no cites tus eventuales especializaciones si no pueden encajar en la función que solicitas.

- ÚTIL: detallar más las formaciones que mejor se adapten a la función. Por ello, piensa en dar más explicaciones mencionando las tareas o proyectos realizados. Esto llamará la atención de la persona encargada de la selección cuando examine tu CV.
- INÚTIL: enumerar todas las formaciones que has realizado. Lo ideal es mencionar solamente las principales (centros de formación, universidades, escuelas de negocios, etc.) y eventualmente el colegio al que se ha asistido si tiene una buena reputación. El encargado de la selección no desea saberlo todo: quiere poder identificar rápidamente tu trayectoria a grandes rasgos.

Si no has obtenido el certificado de una formación que has realizado o si has suspendido el examen, es importante escribir «sin finalizar» delante del título. Para el encargado de la selección, si el fracaso se puede justificar en la entrevista, esta formación podrá tener una influencia positiva, ya que esto demuestra que la has realizado y que probablemente has adquirido competencias y conocimientos.

Tercera sección – Los centros de interés y actividades complementarias

Evita transformar esta sección de tu CV en un cajón de sastre. Aquí, el objetivo también es poner de relieve tus cualidades a través de tus actividades fuera del trabajo. Así, piensa en mencionar solamente competencias relacionadas con la función, como:

- tus competencias lingüísticas;
- tus competencias informáticas, etc.

Para estos dos puntos, no te olvides de indicar tu nivel — elige una terminología coherente en todo el documento: por ejemplo «nociones», «buenas nociones» o «nivel medio», «buen nivel», «bilingüe», «lengua materna»/«experto»— y ten en cuenta que durante la entrevista se podrán poner a prueba estas habilidades. De nuevo, hay que evitar incluir información errónea, si no tienes ganas de que la entrevista sea un fracaso humillante. Sea como fuere, es indispensable que tu nivel sea como mínimo acorde con las expectativas y las demandas de la empresa.

Finalmente, termina haciendo una lista de tus aficiones y de tus pasatiempos, teniendo en mente que el objetivo es ir al grano y destacar a ojos de la persona encargada de la selección. Intenta mencionar solamente ocupaciones o responsabilidades que impliquen competencias o aptitudes relacionadas con la función y con tus ambiciones profesionales.

Esta sección del CV permite ofrecerle al empleador indicadores de tu personalidad: espíritu de equipo, compromiso empresarial, curiosidad, etc. Asimismo, a menudo es una forma de crear un vínculo con el seleccionador, si comparte una pasión común contigo. En cualquier caso, evita mencionar actividades sensibles, ya que podrían penalizarte: así pues, evita mencionar actividades políticas, religiosas o filosóficas.

Si quieres ver un ejemplo de currículum, después de las siguientes secciones, donde te ofrecemos nuestros mejores consejos y las preguntas frecuentes para la redacción de un CV, encontrarás un modelo en el que te puedes inspirar.

LOS MEJORES CONSEJOS

- Evita utilizar papel de color: privilegia un CV sobrio, claro y estructurado. Si utilizas colores en tu CV, no abuses y sé coherente (por ejemplo, solamente en los títulos de las secciones).
- Comienza tu CV con un titular o con algunas informaciones cruciales que definan tu perfil.
- Privilegia el uso de fuentes clásicas y serias, como «Arial», «Times New Roman» o «Calibri», antes de fuentes demasiado fantasiosas (si no es que solicitas un puesto creativo).
- Evita escribir en cursiva y atrévete a utilizar la negrita. Para centrar la atención del seleccionador en algunos elementos, resáltalos en negrita para crear una jerarquía en las informaciones y destacar algunos elementos. La cursiva normalmente es más difícil de leer.
- Adapta la terminología y tus competencias a las que busca el empleador para demostrar que eres el candidato ideal para el puesto.
- En las enumeraciones, utiliza guiones o listas con viñetas en vez de organizar la información en forma de largos textos, para facilitar su lectura y mejorar la imagen que darás.
- Sé coherente con la forma de enumerar los elementos en tu CV. Si mencionas a un empleador, escribe por ejemplo siempre su nombre seguido del puesto ocupado. Haz lo mismo cuando presentes tu trayectoria académica y escolar.
- Cuida tu ortografía. Pídele a alguien a quien se le dé bien

la ortografía que lea tu currículum. Los seleccionadores son particularmente sensibles a este tipo de detalles y no perderán el tiempo con un CV que tenga faltas de ortografía.

- Pídele consejo a tus amigos o a tus contactos para que te den su opinión y para saber con qué se quedan cuando leen tu CV. Este paso tan sencillo te permitirá asegurarte de que tu documento es coherente y refleja bien tu perfil.
- Mantén tu CV actualizado. Ya sea en lo que se refiere a tus datos (teléfono, dirección, mail), tus experiencias o los conocimientos adquiridos durante tus últimos trabajos y/o actividades realizadas, tu CV tiene que estar presentable en cualquier momento.

PREGUNTAS FRECUENTES

¿MI CV, CON O SIN FOTO?

Aunque no es obligatorio, algunos recomiendan que se coloque una foto en la esquina superior derecha del CV. Si decides poner una, procura que esté perfectamente adaptada y que sea profesional. Así pues, olvídate de tus fotos de vacaciones, de fiestas o de la playa, y utiliza este recurso solamente si puede ser una ventaja y si está en un marco profesional.

VIDA PRIVADA VS. VIDA PROFESIONAL

Si buscas trabajo, piensa en adaptar tu perfil también en las redes sociales. Intenta estar presentable en todos los sitios donde la persona encargada de la selección podría encontrar información sobre ti (Facebook, LinkedIn, Viadeo, etc.). Una esfera privada demasiado abierta podría tener un impacto negativo en tu candidatura.

¿HAY QUE MANDAR UNA CARTA DE MOTIVACIÓN JUNTO CON EL CV?

La carta de motivación tiene un papel primordial para el seleccionador. Es imprescindible y completa de forma magistral tu CV, puesto que está orientada, pensada y escrita especialmente en función de la empresa y del puesto que se solicita. Su objetivo es conducir al empleador a vincular tu perfil, tu personalidad y tus competencias (presentados en tu CV) con tu motivación. Piensa en ponerte en el lugar del encargado de la selección y en destacar tus virtudes, planteándote la pregunta siguiente: ¿en qué aspectos soy interesante para él, en relación con la actividad de su empresa?

Si tu candidatura es espontánea, no dudes en mandar tu CV y tu carta de motivación a tus contactos y conocidos que trabajan en la empresa, pidiéndoles que te recomienden en el departamento de recursos humanos o entre sus colegas. Esto hará que tus posibilidades de ser seleccionado aumenten.

¿CÓMO PUEDO ESTRUCTURAR MI CV?

La mayoría de seleccionadores aprecian que los currículums estén estructurados en tres secciones, puesto que esto permite identificar rápidamente el perfil del candidato. La estructura que se recomienda es la siguiente:

- Experiencia profesional
- Formaciones
- Centros de interés y otras actividades

Sin embargo, en el caso de funciones más creativas, en especial en el ámbito cultural o artístico, los seleccionadores apreciarán también la creatividad.

¿QUÉ HAY DEL CV EUROPEO?

A menos que el seleccionador lo exija, se tiene que evitar el formato de CV europeo principalmente por dos razones:

- puede parecer desestructurado y largo rápidamente ya que, aunque no es denso, tiene una longitud de varias páginas;
- no facilita la lectura, algo inoportuno si tenemos en cuenta el corto lapso de tiempo que un seleccionador dedica a leer el CV.

¿CÓMO TENGO QUE ORGANIZAR LA INFORMACIÓN?

La información y las etapas de tu trayectoria se tienen que enumerar en orden anticronológico, de lo más reciente a lo más antiguo.

¿CÓMO ESTRUCTURO MI ARGUMENTACIÓN?

Evita los párrafos largos y las frases densas y, puesto que el objetivo es ir al grano, prioriza las listas con viñetas. Limítate a dos o tres por cada experiencia.

¿QUÉ EXTENSIÓN SE RECOMIENDA QUE TENGA?

Con el objetivo de facilitar la lectura de un CV, se recomienda agrupar toda la información en una única página. Sin embargo, existen algunas excepciones, sobre todo en el sector académico, en el que los investigadores suelen detallar todas sus experiencias y conferencias, además de los informes que han publicado.

Si no consigues que tu CV ocupe una o dos páginas, significa que algunas experiencias y formaciones incluidas son superfluas. No intentes hacer trampas disminuyendo el tamaño de la fuente a menos de 11 puntos o reduciendo los márgenes, ya que esto no aumentará las probabilidades de que te seleccionen, al contrario.

¿CÓMO PUEDO ESTRUCTURAR MIS EXPERIENCIAS PROFESIONALES?

Lo más importante para el seleccionador es que puedas justificar las diferentes etapas de tu CV. El hilo conductor y los vínculos que consigas establecer entre los puestos ocupados y las formaciones que has realizado aumentarán tu valor.

¿CÓMO JUSTIFICAR UN DESPIDO O UN PUESTO QUE HE OCUPADO POCO TIEMPO?

De forma general, los encargados de la selección aprecian a los candidatos que pueden considerar estables, es decir, que acumulan experiencias profesionales significativas, a menudo equivalentes a una duración de un año y medio, o incluso de dos años. Para las experiencias más cortas, es importante precisar si se trataba de un contrato temporal.

- En el caso de un despido, habrá que estar preparado para

justificarse en la entrevista y explicar lo que pasó.

- En el caso de un despido por motivos económicos, la causa es evidente.

Si abordas este tipo de temas delicados con un seleccionador, lo importante es no criticar a tu antigua empresa. Demuestra que aprendiste la lección de esta experiencia incluso si todavía es dolorosa.

¿HAY QUE MENCIONAR LAS EXPECTATIVAS SALARIALES EN EL CV?

No hables de tus expectativas salariales en el CV. En cambio, cuando prepares tu entrevista, infórmate del salario medio del puesto que solicitas a través de:

- estudios disponibles en Internet y/o en las revistas especializadas;
- amigos que trabajan en el sector;
- gabinetes de cazatalentos.

Sonia Pérez Vázquez

Paseo de la Castellana, 200, 28046 Madrid, España
Española – 25 años
+34 6xx xxx xxx
s.perezvazquez@xxx.com

5 razones para contratarme:
- Aprendo rápido
- Busco soluciones
- Me apasiona negociar
- Sentido de empresa
- Perfil internacional

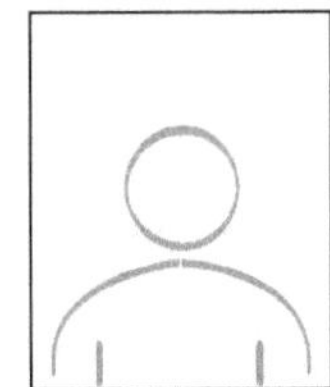

Experiencia profesional

12/2014 – actual — **Gestora de proyectos,** Traducciones Instantáneas, Madrid, España
Gestión de proyectos de traducción. Selección de traductores, negociación de plazos de entrega, organización de las formaciones para nuevos traductores.

11/2012 - 08/2014 — **Asistente de ventas,** Harrods, Londres, Reino Unido
Prospección de nuevos clientes y atención al cliente.

01/2012 - 07/2012 — **Encargada de tienda,** tienda deportiva Decathlon, Madrid, España
Atención al cliente, gestión de existencias e inventarios.

Formación

09/2012 – 08/2014 — **Máster en Gestión de Proyectos (MSC),** Middlesex University London
- Middlesex University London (1.er año del Máster)
- University of Berkeley, California (2.º año)

09/2008 - 06/2012 — **Licenciatura de Traducción e Interpretación,** Universidad Complutense de Madrid, Madrid, España.

Actividades extracurriculares

09/2012 – 08/2014 — **Asociación de estudiantes hispanófonos,** Middlesex University London
Organización y moderación de las mesas de conversación en español.

2008 - 2010 — **Entrenadora de baloncesto,** Colegio San Agustín, Madrid, España
Gestión de los entrenamientos y los partidos de 2 equipos de baloncesto de jóvenes de entre 9 y 12 años.

Idiomas

- Español: lengua materna
- Inglés: experto
- Francés: buen nivel
- Alemán: nociones

¡Tu opinión nos interesa!
¡Deja un comentario en la página web de tu librería en línea,
y comparte tus favoritos en las redes sociales!

en50MINUTOS.es
Historia
Economía y empresa
Coaching
EL DIAGRAMA DE ISHIKAWA
Material Método Máquina
Madre Naturaleza Medida Hombres
LA GUERRA DE PALESTINA DE 1948
DOMINA EL ARTE DEL NETWORKING